LA IMAGINACIÓN: Esto fue antes, esto es ahora.

¿FELICIDAD O SUFRIMIENTO?

Caso 2

Jennifer

He tenido una semana vibrante, cuatro reuniones prolongadas en cinco días, y la mayoría con bellos hombres, brillantes, atractivos, espectaculares en su presencia, de diferentes regiones del país, altamente capacitados, he aprendido mucho de ellos, estoy muy emocionada, sobre estimulada diría, no he dejado de soñar con alguno en especial cada amanecer, Daniel, Michael, Josef, Andrew, los que más me han llamado la atención. (...)

LA IMAGINACIÓN: Esto fue antes,
esto es ahora.
¿FELICIDAD O SUFRIMIENTO?
Por
DIEGO MARIN CHARRIS.,MD

Autor de UN LIBRO PARA MÍ ¿Cómo
va mi recorrido?

Dedico este libro
Al ser universal que me creo
A mi mamá, Electa
A mi hermano, Gonzalo
A Felipe
A los maravillosos seres que me
rodean
Muchas Gracias

CONTENIDO

Llena este espacio con tu puño y
letra:

¿La imaginación es para mí?

____

____

____

____

____

____

____

____

____

_____________________________________.

INTRODUCCIÓN

La imaginación, el conocimiento de esta poderosa facultad mental, requiere un estudio particular y pormenorizado por su impacto funcional en la vida de cada ser humano.

Su efecto decide la existencia en muchas ocasiones en uno u otro sentido, de allí su inmensurable valor.

La pregunta razonable es, ¿Cómo sucede esto, para qué? y la respuesta siempre de sobrevivencia, para nuestro bienestar, increíble.

Aunque en ocasiones responde con instrucciones de un viejo libro, con un formato tradicional, y repetible, sin opciones aparentes en ninguna ocasión.

Un ejemplo inicial introduce el tema, puedo explicarlo desde el lado masculino, la fisiología me indica que las damas también lo experimentan, la polución o eyaculación nocturna, producto de una imagen durante el sueño de origen sexual en la mayoría de los casos, o de otros estímulos similares, pero el resultado el mismo, un orgasmo sin ningún tipo de manipulación genital; de la misma manera transformamos la realidad a través de la imaginación, de la visualización, incluso podemos crear disfunciones inexistentes en nuestro cuerpo de la misma manera que el orgasmo descrito. Lo ves.

Otro acercamiento al punto, la percepción errónea de una situación, creernos separados de la fuente creadora, actividad mental asociada a la imaginación del suceso como una catástrofe física, conduce a la creencia de la enfermedad corporal, y a sus evidencias.

En este sentido, los perceptores naturales que poseemos constituyen la materia prima para crear el sistema que alimenta los procesos del cerebro para llevar a cabo la instrumentalización de la facultad.

Cada sentido ofrece su propio aporte, y el intrincado sistema neuronal lo eleva a una realidad.

Al inicio en este momento, usted apreciado lector (a) puede imaginar lo que desee, veamos, visualice: Estar leyendo un libro plácidamente en la playa más visitada por usted, con una mesita al lado, conteniendo una jarra de bebida helada; ocasionalmente desvía su mirada hacia un lado para percibir el mar, el paso de las personas, el detalle de una bella o bello joven, la sensación de la onda de calor, la brisa tenue que la acompaña, y el resplandor que se percibe en la piel como un ligero calentamiento que nos separa del sol, adentrándonos en la carpa que nos cubre para prevenir la quemadura.

Usted mi brillante amigo, no se encuentra en la playa, pero ha imaginado toda la escena sin dificultad.

Este poder fabuloso se convierte en una herramienta de doble filo, por un lado puede construir el escenario de vida más satisfactorio que usted pueda concebir, lleno de alegría y felicidad; o por el contrario, en la arista opuesta, el purgatorio de Dante, lleno de sufrimiento.

Este último aspecto es apropiado por sistemas de comunicación, mercadeo y publicidad para recrear en su mente inconsciente, los elementos necesarios para llevarlo a través de la imaginación a donde desean se encuentre su mente y cuerpo.

Parecería que la voluntad puede oponerse a este sendero, pero no es tan sencillo, la configuración evolucionada de la expresión mental crea memorias que impiden un fácil retroceso, y conducen a asas, loop, bucles de información que reiteran el efecto indeseado.

Un farmacodependiente explica el fenómeno cuando decide dejar las drogas, la primera semana es un infierno físico de dolores, frio, nauseas, vómito, cambios de temperatura, y ansiedad para volver al consumo, experiencia dependiente de las memorias con efecto corporal, en imágenes reiteradas de consumo.

Por consiguiente, la mejor manera de expresarlo es vivirlo, para explicarnos verbigracia, la razón de la enfermedad de una paciente con trastornos alimenticios, que ha perdido mucho peso, y sigue apreciando que esta obesa al percibir su imagen en un espejo convencional, no obstante, las evidencias expresas en sus mediciones corporales periódicas, y la información del personal familiar o entrenado que la o lo rodea.

El valor de lo antes dicho, se conforma, cuando la imaginación es la causa del dolor humano, creando falsos ambientes de realidad, distorsión corriente facilitada por un plano físico, emocional, de pensamientos y creencias que nos acompañan siempre.

Vamos a deleitarnos con la imaginación.

OPINO QUÉ

Caso 1

Francisco

Cene demasiado, el pollo broaster estaba muy grasoso, no debí haber comprado todas las piezas, pero la oferta era tentadora, y se veían deliciosas en el horno, jugosas, apetitosas, mucho más llamativas con las salsas que el muchacho les estaba agregando mientras esperaba, literalmente estaba babeando, me veía comiéndolo, con papas a la francesa, y aritos de cebolla, con una bebida fresca y fría, por eso la compre.

Pero la experiencia no ha sido la esperada, cuando llegue a la casa, el pollo estaba frió, las piezas adheridas al papel mantequilla que las resguardaba, opte por calentarlas en mi horno casero durante cinco minutos y perdieron textura, se volvieron más grasosas, pero curiosamente secas; las salsas y miel que me adicionaron, opacaban el sabor salado de las presas, algunas piezas se veían crudas en su interior sobre el hueso, a pesar de eso comencé con la pechuga, me sacie al terminar, pero seguí comiendo compulsivamente el costillar, las alas, los perniles, las colombinas, no podía parar, la grasa brotaba por mi boca, y a pesar de eso, estaba dispuesto a terminar con mi inversión consumiendo todo el producto, la bebida facilitaba la digestión, pero los eruptos y la flatulencia eran más frecuentes, tuve que detener el proceso, regurgite un poco de la comida, y me hastié.

Todo en la mesa era un caos, caja, papeles, servilletas sucias, etiquetas, factura, mil salsas, sobres, grasa, todo desparramado a mi alrededor, ni siquiera note los aritos de cebolla, con mi panza distendida, deje todo abandonado y me dirigí a la sala para recostarme y pasar la incomodidad de la cena.

Gemía, gemía, refunfuñaba, me quejaba, la experiencia no fue la que imagine, fue todo lo contrario, mi mente me engaño.

En otra ocasión voy a ser más prudente.

Francisco es un hombre delgado, soltero, ingeniero de profesión, frugal en sus hábitos alimenticios, que un sábado en las horas de la noche decide comprar para la cena sus presas de pollo corrientes de tipo broaster, ha imaginado, visionado previamente la experiencia, y en sus propias palabras no hubo integración real entre el imaginario como propuesta cerebro mental y la realidad que aprecio, compro un pollo entero.

Un ejemplo tipo del engaño de la mente, en un espacio temporo espacial específico, que contraviene los gustos y preferencias del individuo, Francisco usualmente consume una o dos piezas de pollo en su cena.

Esta situación poco trascendente puede extrapolarse a otras similares, el ejercicio es introducir la información para que las decisiones sean más coherentes para nuestro cerebro en distintos momentos.

El enfoque, la manera de concentrar la atención es una herramienta valiosa para redirigir los procesos mentales de imaginación.

Francisco desprevenido ubico su atención en la fase de elaboración del pollo, en su paso por el porno, y en el detalle del precio de la oferta; sumatoria suficiente para crear las imágenes de placer, satisfacción y ahorro económico para consumir contrariando sus deseos básicos y de bienestar.

Frente al caso opino qué

Caso 2

Jennifer

He tenido una semana vibrante, cuatro reuniones prolongadas en cinco días, y la mayoría con bellos hombres, brillantes, atractivos, espectaculares en su presencia, de diferentes regiones del país, altamente capacitados, he aprendido mucho de ellos, estoy muy emocionada, sobre estimulada diría, no he dejado de soñar con alguno en especial cada amanecer, Daniel, Michael, Josef, Andrew, los que más me han llamado la atención.

Después de la cena de hoy me voy a relajar, debo bajar la intensidad si no es posible que cometa alguna locura para calmar esta ansiedad emocional que se me ha creado por el estimulo de conocer tan variada gama de espectaculares hombres.

Waouuu, que sensación, estoy caliente, húmeda, sudorosa, agitada, son las 3 a.m. lo único que recuerdo es que estaba soñando con Michael, un atlético hombre de treinta y pico, alto, recuerdo que cenamos juntos, después fuimos a bailar un rato y me acompaño al apartamento, en la entrada nos besamos apasionadamente, y ahora me despierto en este estado, uhmm, voy a seguir en el sueño.

Intente recordar e imaginar a Michael a la entrada como lo estaba soñando, lo visualice en el interior del apartamento, luego del beso, le ofrecí una bebida, a medida que la degustábamos, comenzamos a besarnos y acariciarnos apasionadamente en el sofá, no lograba conciliar el sueño, pero la excitación se intensificaba como si fuera un sueño, decidí detener mi imaginación para dedicarme a dormir.

Al despertar recordé que seguía soñando, y me abalance sobre Michael, y tuvimos un maravilloso encuentro sexual, vibramos alto juntos, y esto sucedió de mi apreciación de este sujeto en una sola reunión.

Esta sensación me relajo profundamente, fue muy útil, pues, la próxima semana tendré más reuniones, y si continuo soñando de similar manera estaré muy cansada esa semana.

En la reunión del día martes, me encontré de nuevo con Michael, no pude saludarlo con mi cortesía acostumbrada, mis ojos no podían enfocarse en los de él, sentía vergüenza, cuando lo miraba y recordaba el sueño, el lo noto inmediatamente y me cuestiono sobre mi actitud, le dije una mentira, explique que el sonrojo era por las hormonas, que estaba en uno de esos momentos especiales de las mujeres,   el lo comprendió y no insistió con el tema.

Las expresiones físicas e incluso las manifestaciones de la vida corriente son dependientes de esta facultad y poder.

Jennifer experimento este impacto, solamente la relación y apreciación de un selecto grupo de hombres la llevo a soñar con uno de ellos, a disfrutar de un momento de intimidad, y a sonrojarse ante un nuevo encuentro real.

La joven mujer concentró su atención en los varones de la comunidad de profesionales que la rodearon en sus reuniones; estímulos visuales, auditivos, hasta sensitivos constituyeron las bases de memoria para instrumentar la imaginación, visualización y sueños de Jennifer, captaciones inconscientes suficientes para elaborar un registro de vida, y realidad adaptada por estas imágenes.

Frente al caso opino qué

Caso 3

Mark

He perdido mi libertad, mis ahorros se han agotado, mis tarjetas al límite, las cuentas no se detienen, esa pérdida del empleo fue una catástrofe, consideraba en sus pensamientos (paradigma actual).

Me siento bloqueado por mis pensamientos y emociones, siento mucha presión, pánico, insomnio, preocupación, no puedo estar feliz, todos los días son iguales.

Una noche cualquiera se despertó agitado y gritando, su esposa se alarmo, al cuestionarlo sobre la pesadilla, le conto a su esposa que no recordaba bien lo sucedido, pero no era agradable, se relacionaba con un encierro en una jaula de pájaros, sin puerta de salida, y alrededor muchos individuos gritándome, paga, paga, paga.

Mientras esperaba en una fila de un supermercado Mark, se mostraba triste, preocupado, angustiado, un familiar suyo lo reconoció, y se dispuso a saludarlo, preguntándole la razón de su estado.

Él le respondió que estaba imaginando la manera de resolver su situación económica, varias ideas y posibilidades se le insinuaban en su mente, visualizaciones, pensamientos capaces de distorsionar su rostro y aptitud.

Su familiar al reconocer la situación por la vivencia de una experiencia parecida, le conto sobre como el uso de su poder de visualización creativa y receptiva le permitió salir de esos dilemas en la línea de menor resistencia, cuando el circulo de las relaciones sociales gira alrededor del dinero en todas las actividades humanas, atrayendo los mismos pensamientos, e imágenes de preocupación.

Le recomendó a Mark, la manera de materializar la solución a su estado recordándole que somos seres de vibración, y este ser interior, sabe llevarnos del foco de carencia hacia el de abundancia, para ello, debería cambiar de tema, ir hacia lo general abandonando lo relacionado y específico que le oscurecía el panorama.

El don de la imaginación te permitirá enfocarte en varias fuentes diferentes al tema de las deudas y obligaciones, conocimiento del ser, que se integra al de otros seres interiores cocreadores, buscando oportunidades para sentirse bien, respirando un nuevo aire, de menor resistencia, cambiando el punto de atracción, y la energía.

Por ejemplo enfocarte en el cumpleaños de uno de tus hijos, al mismo tiempo tu esposa, otros hijos, otros familiares centran la atención en el mismo suceso, y puedes repetir que este es el mejor momento de tu vida, elevando tu vibración, es decir, la atención se lleva hacia lo que te hace sentir bien, desplazándote de tu zona de preocupación y permitiéndole a tu ser interior ubicarse de forma más sencilla para iluminar la idea de abundancia que requieras, convirtiendo los pensamientos en cosas.

Entonces Mark, tienes la opción de escoger los pensamientos e imágenes que deseas ubicándote en el mejor momento para recibir lo que el universo abundante quiere entregarte, todos los días recibes y fluye hacia ti, pero no la dejas penetrar.

Recuerda, concentras la atención en el tema que no te preocupa, el enfoque en ese permite que los demás, causantes de tus angustias se desbloqueen al generar en la mente nuevas imágenes, visualizaciones en estado de recepción constante atrayendo la abundancia que exhala el universo desde el ser interior.

Solamente se requiere sosiego y satisfacción para que la imaginación nos guie a lo deseado sin impaciencia, sin expectativa.

Frente al caso opino qué

Caso 4

Karla

Erick salió de fin de semana con un grupo de amigos a un retiro de hombres, karla su esposa se opuso desde un principio a este viaje, desconfiando de este tipo de reuniones en donde los hombres, según su imaginación acostumbran pasarlo con mujeres y licor (memoria pasada); a pesar de lo cual accedió a regañadientes.

Erick, se divertía con su grupo de conocidos, el día domingo decidieron realizar una pequeña excursión a la montaña, sin guía, creyendo conocer el bosque se adentraron sin cuidado en este y se extraviaron, el día lunes una expedición de guardabosques salió en la búsqueda de los perdidos.

Por otro lado, Karla se preocupo inicialmente por que su esposo no se comunicó con ella el domingo como habían planeado (pesente).

Las ideas, pensamientos, emociones, comenzaron a rondar su mente.

Imaginaba la situación más negativa y extrema, consideraba que su esposo había huido con una bella joven conocida en ese retiro, se veía sola, abandonada, con sus hijos a cuestas, en una condición económica difícil, y todo debido a su aceptación para el viaje de su esposo, que desaprobaba desde un comienzo (futuro).

Así transcurrió todo el día, sus visualizaciones eran más oscuras a medida que pasaba el tiempo, y no lograba comunicación con el lugar de retiro, así se adentro en la noche del domingo.

Durante la noche, concilio el sueño pocas veces, en los interludios se preocupaba, y en los ensueños veía a su esposo feliz, en otra ciudad, con la bella joven que presumía ya conocía y había invitado al paseo para formalizar esa relación extramatrimonial (futuro).

Imágenes de la relación entre su esposo y esa mujer abarcaban todo un espectro de situaciones, divorcio, matrimonio, bienes, hijos, conflictos, no la dejaron tranquila esas seis horas.

Se despertó temprano, tomo una taza de café y preparo el desayuno para sus dos hijos, en el diálogo preparaba a los muchachos para darles las noticias de la separación de su padre y de su nueva mujer (presunción), en sus adentros desconfiaba profundamente de su pareja.

Los muchachos reconocían los alcances de los pensamientos e imaginación de su madre y poca atención prestaron al cuento, insistiendo en la necesidad de ubicar primero a su padre antes de seguir elaborando más historias increíbles.

Por fin, lograron comunicarse con el lugar de retiro en donde les informaron que los extraviados en el bosque incluido su padre ya habían sido ubicados por los guardabosques, se encontraban sanos y salvos y pronto estarían de regreso en sus hogares.

Karla experimentaba alegría y tristeza, producto de su imaginación había creado un escenario irreal lleno de presunciones que le amargaron dos días de su existencia sin justificación.

La felicidad existencial se aleja de las presunciones, de las suposiciones, creaciones mentales que acuden a memorias del pasado, expectativas futuras y genética propia, que nos llevan a recrear imágenes sin sustento, y existencia de sufrimiento, apartándonos del momento presente.

Karla sufrió gracias a su imaginación en el presente, en el pasado, en el futuro por su actividad mental, en ninguno de esos espacios vitales asertó.

Esta reflexión vital es un indicador del cuidado que debemos prestar a pensamientos, emociones, sentimientos e imaginación para encausarnos por el camino de la felicidad y abandonar la senda del sufrimiento innecesario, manteniendo la atención en el presente siempre en estado de consciencia plena.

Frente al caso opino qué

Caso 5

Jonás

Una poderosa empresa de electrodomésticos con más de sesenta mil empleados a nivel nacional se encontraba en una difícil situación económica, sus líderes iniciaron una reestructuración empresarial que comenzó con las bases de la organización, empleados y obreros rasos.

En ese proceso uno de los vicepresidentes Jonás, basado en su experiencia e información presumía que su cargo nunca estaría en riesgo.

Imaginaba en su propio análisis financiero, prospectiva del negocio nacional e internacional, e inversiones de la compañía, que su desempeño estaba garantizado, su mente programada no le inducia otras posibilidades y alternativas.

Su historial educativo, logros en las ventas y retroalimentación positiva de los clientes, pensaba, creía y visualizaba eran razones suficientes para su permanencia en la organización de manera casi vitalicia.

En esas condiciones, presumía Jonás en su aparente estado de realidad, que con su salario de ciento veinte mil dólares anuales era posible mantener su hipoteca, mercedes benz, club, estatus de vida, aunque no tenía ahorros adicionales, su esposa y dos hijos adolescentes no representaban una carga muy onerosa, sus otras obligaciones eran menores.

Luego de una semana de receso el día de gracias, regreso a su trabajo, y al ingreso fue dirigido a la oficina de recursos humanos, en donde una abogada conocida lo esperaba con la noticia de su despido, y un paquete adicional de prestaciones por cuatro meses, asesoría de desempleo y ofertas de empleo en empresas similares.

Enfurecido por esa prematura situación se dirigió a la oficina del presidente, quien ni siquiera lo recibió, ordenando que abandonara las instalaciones inmediatamente.

Las siguientes tres semanas las paso en su hogar, en la oficina de asesoría al desempleo, y asistiendo a entrevistas de trabajo a sus noveles 40 años de edad.

Su esposa comprensiva y realista, intentaba generar un estado de gastos del hogar más ajustado mientras su esposo conseguía un nuevo trabajo, ella imaginaba que la situación requería de un razonable ajuste económico para sortearla adecuadamente.

Por el contrario, su esposo desempleado imaginaba que no había necesidad de reducir ninguno de sus estados de cuenta, ya que, consideraba era un hombre muy experimentado, con un currículo envidiable, y creía en el sector invaluable para ejercer de nuevo una vicepresidencia.

El mercado ofertaba algunas opciones de empleo para su cargo con la mitad del salario que el percibía y para jóvenes empresarios menores de 30 años de edad. En una de esas entrevistas se molesto mucho ante el desenfado de la empleada que lo atendió cuando le oferto un salario muy inferior al esperado y en un cargo de ventas en otro estado.

Jonás negaba su estado, hasta cuando las condiciones de vida lo obligaron vender su auto de lujo, entregar su hogar, irse a vivir con sus padres, y aceptar el trabajo de construcción que un familiar le dio como alternativa a su condición.

Su imaginación no salía del formato tradicional, es decir, de ejecutivo con vestido y corbata, por eso no encontró una oportunidad en el desempeño dentro del ramo de la construcción, y atendió el puesto con desagrado, a pesar de la buena voluntad de su familiar.

El monóculo de su vida actual no le permitía apreciar las maravillas que se obraban a su alrededor, nunca lo imagino, su esposa estaba feliz, pues, contaba con su presencia mucho más tiempo,; sus hijos se divertían en la casa de sus abuelos; podía llegar a su hogar más temprano luego de la jornada laboral.

Menos aún visualizo que un amigo suyo vicepresidente de finanzas de la misma compañía en donde laboraba, no pudo tolerar la situación de su despido y se suicido, nunca lo vió venir, un hombre mayor de 60 años, no resistió este embate de la vida.

Tampoco imaginó que uno de los fundadores de la empresa fuera despedido, y que este luego del suicidio de su también amigo el vicepresidente de finanzas, considerara la posibilidad de crear una nueva compañía y solicitarle su colaboración para desarrollar este nuevo proyecto de vida, labor que Jonás asumió con mucha alegría, ya que le devolvía su estatus, y su mente e imaginación volvieron a empalmar en su viejo libro, en sus memorias, en su programación.

El caso de Jonás es el típico de un individuo que vive sus imágenes desde sus programas mentales tradicionales, sin creación de alternativas o apreciación de escenarios posibles, un egomaníaco que abandona su ser.

Las proyecciones del ser en un ambiente como el planteado en este caso, muestran los hechos siempre como oportunidades de crecimiento y aprendizaje, pero verlo no es simple, se requiere del cambio, de mundo de la inconsciencia a la consciencia, a la presencia, y este no es un paso común de la manera como se desenvuelve el plano social contemporáneo.

La experiencia de Jonás es la misma de todo pensionado, el proceso de ajuste requiere del ser, de su felicidad, de su sapiencia universal, para avanzar en una vida de bienestar y plenitud.

Frente al caso opino qué

Caso 6

Amanda

Ya cumplo seis años en esta organización, la he pasado bien desde mi graduación como Ingeniera Eléctrica. Haberme convertido en la representante de una multinacional de energía, ofreciendo sus grande motores y turbinas me ha dado mucho reconocimiento en el sector, sin embargo, son treinta años los que cumplí ayer, y no me veo presentado propuestas ocasionales a clientes deseosos de llevar a cabo sus grandes inversiones en energía por más tiempo.

Mi sueño de pilotear avionetas y surcar los aires se está diluyendo, es hora de tomar una decisión.

Me imagino viajando para uno y otro lado de la geografía de mi maravilloso país, llevando personal de las compañías del sector, asesorando en el campo a las empresas a las cuales ayude a construir sus centrales de energía, incluso llevando los repuestos de sus grandes máquinas, todos los días de los próximos años de existencia.

Esa visualización me hace feliz estimo, es claramente una manifestación de mi ser y debo atenderla.

Durante los dos años siguientes Amanda se dedico a estudiar los fines de semana aviación, al ahorro de la mayor parte de sus ingresos salariales, a buscar fuentes adicionales de apalancamiento financiero, y a desarrollar un completo programa de lo que denomino "mi propia empresa de asesoría y viajes."

Al cabo de este periodo, renunció a su trabajo; como se había graduado de piloto comercial para bimotores, y contando con conocimientos adicionales en mantenimiento de este tipo de aeronaves, emprendió una gigante inversión en la compra de un biplano usado en muy buen estado, paralelamente creó una oficina de transporte de personas y equipos menores en el aeropuerto en donde se entreno, y finalmente divulgó su negocio por todas las empresas y conocidos del sector de energía.

Este cometido de su ser avanzaba sin tropiezos, para generar recursos adicionales cubría a otros pilotos de otras empresas en sus periodos de vacaciones, como le divertía volar, cuanta empresa y negocio le proponían lo aceptaba, en dos años largos cancelo sus deudas y genero sucursales en otras regiones del país.

En este crecimiento conoció a su esposo, otro piloto comercial, que se sumo a su idea de negocio aportando capital fresco.

En ese ir y venir transcurrieron diez años, dos hijos, y una flota de monomotores par las regiones más apartadas del país, con un negocio lucrativo, pues, las empresas de energía pagan muy bien sus servicios.

Su capacidad mental de imaginar no tenia limites, cada día, mas y mas ideas se integraban a su existencia, desarrollo su propia escuela de entrenamiento para pilotos, compro dos nave de mayor tamaño para llevar alimentos y provisiones a estas paradisíacas regiones, implemento una línea de correo aéreo adicional, y estableció con su mara una central de energía con motores de 30 MW para suministrar el servicio a dicha zona, su reconocimiento la llevo a la política, convirtiéndose en la primera gobernadora de la región.

La integración del ser, la conciencia pura, y la imaginación de esta maravillosa manera guiada, se confabulan para que lleguemos a los más extremos grados de felicidad y realización que un hombre o mujer puede llegar a visualizar en esta increíble existencia, este el caso de amanda.

Frente al caso opino qué:

Frente al caso opino qué:

CASO 7

Emmanuel

No logro imaginar lo que piensa mi papá, 20 años en esa empresa y no renuncia, lo tienen fastidiado, y persiste, le faltan aun siete años para pensionarse, todavía tiene toda una vida por delante llena de opciones, mucha experiencia en las ventas, y si no le va bien, por lo menos lo intento en vida, mi mamá no se opone, y menos aún nosotros que ya tenemos nuestra profesión y arte para defendernos dentro del sistema.

Este no me va a suceder a mí, tengo 24 años, siempre atenderé mis sueños como la meta de mi ser.

Estoy desarrollando esta campaña de ventas de esta empresa de marketing por que fue desafiante para mí, pero tan pronto la termine, me busco otro trabajo, otra ocupación, o desarrollo mi propio emprendimiento.

Emmanuel experimentaba el día a día con disfrute sin igual, en una fiesta conoció a una hermosa joven, se pasaron de copas e intimaron, parecía algo causal, se despidieron y cruzaron teléfonos de contacto.

Pasaron dos meses y la joven se comunico con Emmanuel, sin mediar explicación le soltó la noticia, estaba embarazada y quería tener al bebe, y requería del apoyo económico de Emmanuel como el padre. Este negó la información al comienzo, pero la muchacha le repuso, que no había problema tan pronto naciera el nene, se harían las pruebas genéticas y él le cancelaría lo que ella estimaba justo para ese periodo de nueve meses; ante tal situación tomo acción y decidió apoyar y esperar para realizar el estudio.

En ese periodo su mente serena, sus pensamientos de cambio, de libertad a toda prueba, fueron dominados por otros marcos, apareció su imaginación con una dinámica que lo abatía.

No pudo abandonar la empresa de marketing, por la necesidad de aparente seguridad que su mente le imponía, para pagar las mesadas de la joven embarazada; se veía sometido por la experiencia de ser padre y las responsabilidades inducidas que había vivenciado a lo largo de su existencia con el patrón de sus padres, sus sueños fueron desvaneciéndose, le costaba más trabajo considerar emprender sus propias ideas, sus imágenes influyeron en su aspecto, de su figura erguida y orgullosa paso a encorvado y triste, desesperanzado.

Sus padres lo comprendían, sabían de lo apabullante que puede ser la vida cuando abandonamos el ser, y Emmanuel lo había dejado de lado.

Sus juergas se convirtieron en espacios de licor y drogas, para acallar pensamientos y escenas de catástrofe, se veía frustrado como su padre a los cincuenta años, cuando le faltaba aun la mitad de esa vida para recorrer.

Sus proyectos de estudio se acabaron, incluso la desmotivación lo llevo a perder su empleo, teniendo que recurrir a los dineros de su padre para cumplir con sus compromisos.

Llegó la hora del nacimiento, evento en el que estuvo presente por aquello de las pruebas de paternidad.

A la semana siguiente los resultados arrojaron una verdad que influiría definitivamente en la vida de Emmanuel.

El recién nacido no era su hijo, Emmanuel recobró su alegría y vitalidad de la noche a la mañana, recobro su espíritu, su ansía de vida.

Ahora de nuevo las imágenes del pasado llegaron con mayor ímpetu, se veía libre de nuevo, emprendió un negocio con ayuda de su padre de ventas al menudeo con productos de una empresa de multipropósito, se inscribió para estudiar mercadeo, y tecnología de ventas, y se disculpo de su padre sobre las visiones que tenia sobre su existencia.

Sueños, posibilidades, opciones, pensamientos de cambio, creaciones, proyecciones se hicieron patentes en la imaginación de Emmanuel que se reflejaron de nuevo en su corporalidad, pero ahora en sentido contrario, para impulsarlo, y llevarlo con la fortaleza de un roble hacia su mejor destino, se integro de nuevo a su ser.

¿Qué pasó?

Nuestros pensamientos e imaginación afortunada o desafortunadamente están atados a las memorias y experiencias que se conforman día a día con el inconsciente, márgenes muy estrechos que pueden fluctuar negativamente si desconocemos este hecho, debido a que la información no es de la mejor calidad, sujeta a intereses externos, solamente nos resta reconocer que contamos con una herramienta más poderosa, el ser interior, y la posibilidad de enfocarnos en la felicidad para elevar las vibraciones, de otra manera seremos presa fácil de lo negativo y lo ilusorio, de lo pasado y lo futuro alejándonos de la presencia que es en donde la vida crece y florece.

Este fue el caso de Emmanuel, paso de la felicidad extrema, a la mentalidad de carencia, para retornar a la alegría, siempre dependiente de hechos externos a él, como a todos nos ocurre por el abandono del ser interior.

Frente al caso opino qué:

CASO 8

Helena

Es una joven mujer de 28 años de edad, dedicada a las tareas del hogar, siete años de matrimonio, y dos hijos niño y niña componen su descendencia.

Terminada su escolaridad media, se tomo un tiempo sabático con apoyo de su padres, y mientras decidía que hacer con su vida se decido a estudiar otros idiomas, lapso de vida en el que conoció a Frank, uno de sus profesores, se enamoró y caso con él y formo el hogar que la acompaña en la actualidad.

Sus ocupaciones se corresponden con las tareas propias de dicha labor, algo rutinarias para una joven mujer, pero ella se ha adaptado bien, gracias a su modelo paternal, muy similar a su estado actual.

Sin embargo, en las horas de la tarde todos los días cuando se encuentra sola, pues los niños estudian en jornada matutina y su esposo trabajo durante todo el día, su imaginación revolotea sin cesar, y ello producto de un sinfín de pensamientos que están comenzando a traerle muchos dilemas en su vida cotidiana.

Rumia el fracaso, ve a sus amigas de colegio, la mayoría profesionales y eso le disgusta; las imagina con sus vidas maravillosas, con dinero, sin responsabilidades, muchos bienes, variedad de relaciones e incluso con mucho amor.

Hace varios años que no se encuentra con ninguna, pero las

visualiza, en especial a Clara, y no tolera que a ella le vaya bien.

Luego le preocupa su apariencia física, se aprecie desnuda en el espejo, y se ve obesa, con estrías, los senos descendidos, la grasa abdominal protuberante, y se imagina a su esposo con esas jóvenes a las cuales les enseña idiomas, como fue su caso, y los celos la intranquilizan.

El futuro le preocupa, la dependencia de su esposo desde lo económico la altera, pues, sus hijos podrían requerir de su apoyo ante una ruptura matrimonial.

El día cursa con un desasosiego permanente, la impotencia de sus imágenes de vida, merma su autoestima, cambiando su temperamento y genio, se molesta sin justificación, castiga a los niños, los reprende por situaciones fuera de foco, sus relaciones afectivas con su esposo han cambiado, y han sido reemplazadas por discusiones y escenas de celos; se ha alejado de su familia y amigos a quienes culpa de su estado de vida.

La angustia creada por su imaginación la ha llevado a considerar ideas suicidas.

Su esposo no comprende lo que le sucede a Helena, por cuanto el no ha hecho nada para incomodarla, y esta tan enamorado de ella, como cuando la conoció, no es infiel, y ama sin límites a sus hijos.

Helena representa el poder de la inconsciencia, del dominio de la programación, de los pensamientos negativos e inducidos, que atraen imágenes y visualizaciones completamente aisladas de la realidad consciente, fenómeno común en todas las esferas de la sociedad y no solamente de las amas de casa, razón de las dependencias que aqueja al mundo contemporáneo y fuente de maltrato y violencia en el núcleo de las familias.

La mirada portentosa del ser interior, elimina estos estados mentales, al llevar la atención solamente a lo que nos hace vibrar alto, hacia la felicidad, hacia momentos de placer, alegría, gozo, disfrute, inspiración, y posibilidades.

Requiere este reconocimiento entrenamiento, conocimiento, enfoque, amor, y mucha consciencia para salir de estas trampas oscuras de la mente que confunden la imaginación de cualquier ser humano.

Frente al caso opino qué:

CASO 9

Herbert

Buenas tardes Herbert, este mes ya te he visto cuatro veces, ¿Qué sucede ahora?

La misma molestia doctor, no me pasa.

Pero hace una semana me comentaste que te sentías mejor, que el medicamento estaba funcionando.

Es cierto así era, pero de un momento a otro dejo de surtir efecto, y ahora me siento peor.

¿Me podría ordenar más laboratorios para saber el origen?

Claro que si, déjame examinarte, todo parece muy bien, tómate estos exámenes y pide cita para la otra semana con los resultados.

Caramba, no entiendo porque el médico no me soluciona este problema, si no hacemos algo pronto esto podría avanzar y no tener solución.

No puedo dormir con esta "pensadera", estas molestias no van a terminar nunca, me veo en las últimas y nadie me cree, ni siquiera mi madre, ya está cansada con mis molestias.

Que pesar que el doctor Miguel se pensiono, el si me entendía, con el solamente tenía un control al mes, y todo era fabuloso, hablábamos largo y tendido sobre mis problemas médicos, sus recetas eran acertadas.

Recuerdo una ocasión en donde estaba desesperado, y acudí en su ayuda, me recostó en la camilla, se quedo mirándome con cariño, me examino, y me dijo que podría sanarme, si tenía paciencia, y así fue, con su charlas amenas me fui mejorando y con sus medicaciones, recuerdo una en particular, él la llamaba placebo, era blanca y de excelente sabor, se parecía a los dulces de colores de los niños, era muy efectiva, poco la venden en las farmacias.

Mis amigos me ven preocupado, se alarman ante mi aspecto físico y descuido personal, yo les comento que no es para menos, mi situación es de vida o muerte y la sobrellevo gracias a Dios.

Desafortunadamente no me deja concentrarme y trabajar en lo que me gusta, el diseño gráfico, anhelo volver a mi tarea de vida, es muy apasionante.

Bien, esperare hasta la semana entrante para mi cita, no imagino que conducta voy a tomar, la vida no fluye, ojala el doctor descubra mi enfermedad para sanar definitivamente.

Herbert representa el grado extremo de dominio de los pensamientos y la imaginación jugando en contra de la existencia, un hipocondríaco clásico, que experimenta el sufrimiento de la creencia limitante de morir, y sucedáneamente su mente le indica que él puede solucionar el dilema, dualidad que encaja su imaginación alrededor de un monotema sus síntomas, delimitando el hábitat de vida de manera permanente, en ocasiones la salida es muy compleja.

Frente al caso opino qué:

CASO 10

Susana

Gracias a la imaginación no he dejado un solo día de mi existencia de visualizar las imágenes que he llevado a los lienzos.

Cuando tenía 16 años, imaginaba los bosques, las selvas, las montañas, los ríos y sus cauces, los pinos, los robles, los sauces, las praderas, lagos, sin haber vivido nunca fuera de las playas y arenas de mi tierra, sin embargo, he sido reconocida por mis paisajes de esa naturaleza montañosa.

A los 26 años, me dedique a pintar la flora y la fauna, más alejada de mi ambiente geográfico, acudiendo de nuevo a mi espectacular capacidad de imaginar y visualizar, pumas, tigres de bengala, leones, elefantes, jirafas, hipopótamos, cebras, recuerdos de fotogramas de la infancia fueron la fuente suficiente para memorar esos animales y sus momentos de existencia.

Avanzaba el tiempo y a los cuarenta años el mundo de lo abstracto se tomo mi mente, colores, formas, diseños, mezclas, sensaciones, desplazaban visiones, marcos, retratos, esbozos, facetas, me relajaba y todas las imágenes al unísono extasiaban mis sentidos, sin salir de mi cuarto de trabajo.

La década de los cincuenta reflejo mi madurez, los retratos concretaron mi evolución, las miles de fisonomías de individuos que capto mi mente, contorneaban la variedad humana al detalle, gestos, emociones, impactaron mis recuerdos e inspiraron una vez más mi imaginación creando excepcionales representaciones, sin haber tenido modelos en frente de mi lienzo para la guía de mi pincel.

Finalmente, me decidí por integrar toda la experiencia de vida, y resumirla en pictogramas que sintetizaban el querer de los escritores y sus expresiones literarias.

Me dejaba impresionar por la lectura, aquello que captaba mis sentidos con mayor intensidad, se concretaba en conceptos mentales, simbologías, que manifestaban las creaciones del ser, profunda inventiva de la imaginación e ingenio que solamente la perfección de la naturaleza supera en su integralidad.

No se agota la manifestación mental en las experiencias de la cotidianidad, en el espejo de las inducciones amañadas de la vida, en la información intencionada para esconder al ser, y en el hábitat esplendoroso del planeta en toda su diversidad.

La capacidad de la facultad mental de la imaginación ocupa espacio sensible en la plasticidad de las propuestas más elaboradas del arte en todas sus posibilidades, en el caso de Susana la afluencia visual se conformo en sus obras pictóricas, como suele acontecer en la mayoría de los seres humanos, limitados únicamente por sus creencias en su incapacidad, inducidas por el ego humano, y no por la evolución magnífica que no tendrá nunca fin.

Frente al caso opino qué:

EPÍLOGO

Las escrituras sagradas de todas las tendencias humanas espirituales, son el ejemplo vívido, de la capacidad de la mente humana, del ingenio, para crear a partir de fuentes sensoriales, portentosas ideas, conceptos, pensamientos, que estructuran la vida e los individuos y la especie.

Y esta concreción se alcanza por una facultad especial, *la imaginación,* hemos esbozado su poder en casos específicos como generalidad, a lo largo del texto, con la intención de elevar el grado de consciencia que debemos tener para que no avasalle la existencia y nos lleve a espacios que no deseamos sentir.

La integración de otras facultades mentales y la propuesta neuronal determinan un ambiente sofisticado que supera el análisis más detallado del proceso imaginativo y creativo.

Cómo se elaboran las imágenes, la visualización de pensamientos, e incluso su materialización son imposibles que la evolución manifiesta, pero el hombre no comprende aún para los más avezados científicos de la contemporaneidad.

Por eso, cuidar de la palabra, de la información que recibimos, de la percepción, usando la consciencia es una posibilidad de minimizar el impacto de este instrumento de felicidad o sufrimiento.

Corresponde a cada ser desde el interior contener la cascada de maravillas que se visualizan cada segundo de la existencia para que nos lleve a un entorno de serenidad, abundancia, coraje, y claridad, en consciencia plena y bienestar perenne.

Este el fundamento de este libro, resaltar el instrumento y su mecanismo evolutivo especial, para tener presente que no siempre su expresión se acompasa con el momentun de vida que experimentamos, y por eso debemos superarlo desde el ser, para que no lleve la vida desde el lazo de la inconsciencia únicamente.

Suerte con este poder.

Imagínelo

Muchas gracias